Dieter Strecker

Vom guten Umgang in der Partnerschaft

Dieter Strecker

Vom guten Umgang in der **PARTNERSCHAFT**

Gemeinsam glücklich leben

Claudius

Für Karin

Bibliographische Informationen Der Deutschen Bibliothek
Die Deutsche Bibliothek verzeichnet diese Publikation
in der Deutschen Nationalbibliografie;
detaillierte bibliografische Daten sind im Internet
über http://dnb.ddb.de abrufbar.

Birkerstr. 22, 80636 München
www.claudius.de

Umschlaggestaltung: HildenDesign, München
Foto Umschlag: © John Foxx / Unique images of nature
Gesamtherstellung:
Buch- und Offsetdruckerei Sommer, Feuchtwangen

ISBN: 978-3-532-62348-0

Vorwort

Für keinen Bereich des Lebens gilt der Spruch „Carpe diem“ (Pflücke den Tag) treffender als für die Partnerschaft. Die von Ihnen gewünschte gute Partnerschaft kann morgen schon ein Ende haben. Gevatter Tod könnte vor der Türe stehen und Ihrer Liebe ein schmerzhaftes Ende bereiten.

Wenn Sie Ihren Partner lieben und diese Liebe würdevoll erwidert wird, dann sollten Sie jeden Tag nutzen, um daraus Kraft, Glück und Frieden zu schöpfen. Das Gelingen einer Liebe hängt entscheidend von sechs Erkenntnissen ab:

1. Suchen Sie im Umgang mit Ihrer Partnerin/Ihrem Partner das ihrige/seinige! Sie werden nicht glücklich, wenn Sie zuallererst selbst satt werden wollen. Dies gilt auch für den sexuellen Bereich, aber eben nicht ausschließlich. Versuchen Sie jeden Tag herauszufinden, was er/sie sich wünscht und braucht. Manchmal sind es „Kleinigkeiten“, zum Beispiel ein anerkennender Blick, eine zärtliche Geste, ein überraschender Anruf …
2. Das Bemühen, den anderen zu verstehen, ist edel, aber meist vergeblich. Es ist oft unmöglich, als Frau einen Mann zu verstehen oder umgekehrt. Das Ziel einer guten Partnerschaft besteht darin, sie/ihn zu bejahen in ihrem/seinem Denken, Fühlen und Handeln – es sei denn, der andere will uns oder sich selber verletzen.

3. Bei einer Krise erwarten Sie bitte keine rasanten positiven Veränderungen (selbst wenn der andere verspricht, dass „alles" anders oder besser wird). Kleine und kleinste Wandlungen sind viel und von enormer Bedeutung. Vor allem müssen Sie das Bemühen sehen *wollen*.
4. Die Sexualität ist von großer Bedeutung für Ihre körperliche und seelische Gesundheit. Sie ist in dieser gespaltenen Welt (*Zwei*fel/Verz*wei*flung/*Zwie*tracht) eine Möglichkeit, durch die Ver*eini*gung eins zu werden mit dem geliebten Menschen und mit sich selbst in Frieden zu leben. Sexualität ist kein Zeitvertreib, sondern Zeitgenuss.
5. Die Liebe zweier Menschen ist fast nie gleich intensiv. Abwechselnd liebt der eine mehr als der andere. Das ist eben so und deshalb kein Grund zur Klage.
6. Warten Sie nicht, wenn ein Schatten in Ihrer Beziehung auftritt. Handeln Sie sofort! Suchen Sie Hilfe, auch wenn es sich nur um eine Kleinigkeit zu handeln scheint. Aber versuchen Sie es nicht zu zweit – es sei denn, Sie spüren bei sich und dem Partner ein Wohlwollen.

Wahre Lebensweisheit besteht darin,
im Alltäglichen das Wunderbare zu sehen.

(Pearl S. Buck)

So mag ein liebend Herz sprechen

Berührt mit der Melodie eurer Worte habt ihr mich.
So lass ich nun fortan die Liebe in mir wohnen.
Taktvoll stetig, mutig und gesund, schlage ich für euch
Den Rhythmus von Seligkeit, Sehnen und Staunen.
Für dich schmerze ich, wenn er fern,
Für euch hüpfe ich im Leibe,
wenn friedvoll eins ihr seid.
Sehen kann ich und hören und fühlen
Wie wahr die Liebe, die eure, lebt.

(Dieter Strecker)

Für Karin

Ja, sage ich zu dir,
zu dem Leben mit dir,
zu den gemeinsamen Wegen,
zu der Freiheit unserer Liebe,
zu der Vielfalt,
zu dem Alltag, der oft ein Festtag sein wird.

Ja, sage ich
zu deinen Talenten,
deinen Ängsten,
deinen Wünschen,
deiner Geschichte,
deinen Träumen,
deinem Körper,
deiner Ver-rücktheit.

Ja, sage ich zu deiner Liebe.

(Dieter Strecker)

Partnerwahl und die Zeit der Liebe

Sicherlich spielt der erste Augen-Blick eine Rolle, das Einatmen des ach so fremden und doch schon so vertrauten Geruchs, das Aussehen, das Auftreten. Sicherlich auch das erste Vertrautwerden mit dem Körper, das miteinander Schlafen *nach* der ersten Vereinigung und das gemeinsame Aufwachen.
Das genügt aber nicht für eine lange Zeit der Liebe. Wir Männer wählen sicherlich gerne eine schöne Frau (das erkennen Sie übrigens vor allem an den Augen der Frau!). Frauen haben – um einen Vergleich zu wählen – eher ein Büffet mit verschiedenen leckeren Speisen vor Augen: Er soll humorvoll sein, wirtschaftlich nicht schwach, kreativ, hilfsbereit, souverän, verspielt, vielseitig interessiert, sexuell appetitlich, ein potenziell guter Vater. Das alles können Sie, werte Leserin, nicht nur sehen, sondern beim ersten Kuss schmecken und analysieren!
Gerne höre ich von ihr den Satz: „Ich habe dich *grenzenlos* lieb." Liebe kennt die Grenze nicht, dieses „bis hierhin und nicht weiter!". Ja, natürlich gilt dieser Satz bei Verletzungen und Kränkungen. Ansonsten jedoch kennt die Zeit der wahren Liebe eine Grenze nicht. Der andere muss freigelassen werden, wissend darum, dass diese Freiheit ein Kind der Liebe ist und dass diese Freiheit zur Entfaltung der eigenen Persönlichkeit not-wendig und sinn-voll ist, dass dieses Grenzenlose zu neuen Ufern und Erfahrungen gehört.

„Ich habe *dich* grenzenlos lieb." Die Zeit der Liebe ist eine Zeit, in der ein Mann oder eine Frau das Du suchen und danach trachten, das seinige/ihrige zu finden. Wir müssen uns mit dem anderen vertraut machen, erahnen, welche Wünsche, Sehnsüchte, Traurigkeiten und Verletzungen in ihm ruhen oder gar wüten. Vielleicht gibt es kein größeres Glück auf Erden, ein fremdes Glück selbstlos, großherzig, verschwenderisch und teilnahmsvoll begleiten zu dürfen.

Die Zeit der Liebe muss eine Zeit ohne Angst sein! Zur Liebe gelangt ein Mensch nur, wenn er in einem Klima der Erlaubnis und der ehrlich gemeinten Bestätigung (Lob!), eines absoluten Vertrauens, einer absoluten Akzeptanz und Anerkennung aufwächst. Der Tod der Liebe ist die Angst vor dem anderen. Angstfrei mit einem anderen Menschen verbunden zu sein, ist die Geburt einer Kraft, die eigene Person wie die des anderen zu erweitern, zu bestätigen und in die Freiheit zu entsenden. Dann ahnen wir schon auf Erden den Himmel. Und dann stimmt der Satz „amor vincit omnia", die Liebe besiegt alles, auch den Tod.

Das Kind

Er war in meinem Alter und dennoch war er ein Kind.
„Haben Sie sich verletzt?", fragte ich ihn, denn er zog sein Bein nach.
„Nein, wie kommen Sie darauf?", kam stockend seine Antwort, stockend und stotternd.
„Sie hinken."
„Ich hinke doch nicht."
Seit drei Jahren ist er arbeitslos. Seine Chancen, wieder in dem gelernten Beruf eine Anstellung zu finden, sinken von Bewerbung zu Bewerbung. Jedes Vorstellungsgespräch endet mit einer Absage. Dabei hat er glänzende Zeugnisse, war in London und Luxemburg tätig, auch in einer norddeutschen Großstadt. Von angenehmem Äußerem ist er, spricht fließend mehrere Sprachen. Nein, das stimmt nicht. Fließend wie ein ruhiger Strom ist seine Rede nicht. Da ist ein Stau.
„Warum sind Sie entlassen worden?"
Seine Augen werden groß und traurig, als er mich anblickt, die Augen eines Kindes.
„Aber ich bin nicht entlassen worden. *Ich* habe gekündigt."
„Warum haben Sie gekündigt?"
Seine stockende Antwort befriedigt mich nicht.
Ich soll ihm helfen, soll herausfinden, warum seine Bewerbungen misslingen, und soll seine Ehe retten. Später lerne ich seine Frau kennen, eine lebhafte,

energische, realistische Frau. Sie verdient in einer fernen Stadt das Geld; er sorgt mehr schlecht als recht für Haushalt und das Kind. Sie hat es längst aufgegeben, ihn zu achten oder gar zu lieben; sie erträgt ihn – noch. Von Scheidung ist die Rede.

Der Mann und ich gehen einen langen Weg, bevor ich herausfinde (und er es herauslässt – sag, was zu sagen ist!), dass er sich dazu entschlossen hat, Kind zu sein. Irgendwann ist dieser erfolgreiche Mann an einen Punkt gekommen, wo seine Seele das Leben als erwachsener (Geschäfts-)*Mann* nicht mehr führen wollte, seine Frau wurde ihm zur Mutter, er selbst unfähig, trotz seiner freien Zeit einen Haushalt zu führen oder eine Bewerbung erfolgreich zu beenden oder eine winzige Reparatur im Haus vorzunehmen. Seine Frau wurde ihm zur Mutter, zur Versorgerin. Wie von einer Mutter ließ er sich von ihr schimpfen, wenn die Wohnung nicht aufgeräumt war, oder sogar schlagen.

Jede, jeder von uns hat solche Phasen, in denen man zurückkehren möchte in die Zeit der Kindheit, in die Zeit des Babydaseins. In der Tat ist das Leben als Erwachsener auch hart. Es scheint, als ob wir Männer öfter in eine solche Sehnsuchtshaltung verfallen und von der Partnerin eben jene Versorgung erwarten, die uns die Mutter – vielleicht – gegeben hat. Kluge Frauen lassen ein solches Verhalten, einen solchen „Rückfall" zu, weil sie ahnen, dass der Partner dies in diesem Augenblick braucht. In diesem Augenblick? Das Problem ist: Die Zeit darf nicht zu lange

sein, darf einen Tag, höchstens eine Woche nicht überschreiten. Dabei ist es unerheblich, warum der Mann diesen Wunsch hat, und es ist auch nicht Aufgabe der Partnerin, dies zu analysieren oder zu werten. Lassen Sie es zu. Dies gilt natürlich auch für Frauen, die dem Mann die Rolle des Vaters und Versorgers überlassen; in meiner Praxis sind solche Fälle allerdings weniger problematisch.
Mein Patient war der Verantwortung überdrüssig. Die Gründe für sein Verhalten und seinen Rückfall sind interessant und helfen Ihnen weiter, *nicht* nach den Ursachen bei Ihrem Partner zu forschen. In der Kindheit hatte er eine Mutter, die ihn wegen einer Krankheit nicht so gut versorgen und bemuttern konnte. Sein Hunger nach reichhaltigem Körperkontakt, alleiniger Zuwendung, Beständigkeit und Fürsprache wurde nicht gestillt. Als er heiratete und als die Tochter geboren wurde, da muss ihm dieser Mangel wohl bewusst geworden sein, denn ab dann bekam er im Beruf Schwierigkeiten. Es fiel ihm schwer, mit seiner Frau sexuelle Kontakte aufzunehmen, denn – in seinen unterbewussten Traumvorstellungen – war es ja die Mutter und nicht seine Frau, die um ihn war.
Es wird schwer, ihn zu „heilen“, denn er muss beschließen, wieder erwachsen zu werden, ohne seinen Mangel aus der Kindheit ausgeglichen zu haben. Sonst wird seine Frau gehen. Schließlich reicht ihr ein Kind.
Es war die Sprache seines Körpers, die mich auf die

Spur brachte: seine gebrochene Sprache und sein Hinken. Da ein neurologischer Grund ausgeschlossen war, deutete das Hinken auf ein „Nicht-Ver*stehen*“ oder „Nicht-ver*stand*en-Werden“ hin. Kleine Kinder sind ja nicht so sicher auf den Beinen. Sie möchten, dass die Mutter sie an die Hand nimmt und für sie spricht.
Dies erklärte ich der Frau während eines Spaziergangs. Ihre Antwort ist auf Seite 16–18 abgedruckt, denn sie kann anderen Frauen in Partnerschaftskrisen weiterhelfen.

Not-wendige Hilfen

Der Partner ist nicht Ihr Vater. Die Partnerin ist nicht Ihre Mutter. Wenn jemand freiwillig diese Rolle einnimmt, dann bitte nur für eine kurze Zeit.

Zuversicht

Es werden trotz Ihrer Liebe zum Partner Krisen kommen, Zeiten des Zweifels und der Mutlosigkeit. Behalten Sie dennoch die Zuversicht, dass es gut werden kann. Geben Sie erst dann auf, wenn Sie spüren, dass der andere Sie verletzen, kränken und beleidigen will. Grübeln Sie in diesem Falle nicht darüber nach, warum er/sie so dauerhaft rüde, hart und schmerzverursachend mit Ihnen umgeht. Mag sein, Ihr Partner hat Probleme mit sich und seinem Umfeld, mag sein, Schatten längst vergessen geglaubter Vergangenheit tauchen auf, mag sein, Sie haben einen(!) Fehler gemacht. Das rechtfertigt allerdings keinen Rachefeldzug über Stunden, Tage und Wochen hinweg.

Falls es eine Krise gibt und Sie sich nicht persönlich verletzt fühlen, dann versuchen Sie bitte, Zuversicht walten zu lassen. Zuversicht beflügelt und hilft uns, all unsere Kräfte zu mobilisieren, damit wir in das hineinwachsen, was wir uns vorgenommen haben. Dabei müssen Sie dem Guten, das Sie bis dato erlebt haben, mehr Gewicht geben, damit Sie den Lebensmut nicht verlieren und Raum für Träume gewinnen. Wenn Sie der Überzeugung sind, in einer Partnerschaftskrise selbst etwas bewirken zu können, dann setzt das in Ihnen große Energien frei. Diese positive Illusion ist in der Krise eine Realität, die sich verwirklichen wird, vorausgesetzt, Sie glauben daran, dass aus wenigem wieder viel wird.

Zuversicht macht aktiv und wirkt tatsächlich gegen das Gift der Resignation und den Gedanken, dass Flucht der bessere Weg aus einer Liebeskrise wäre. Optimismus, so die Annahme von Wissenschaftlern, schützt vor den negativen Folgen von Beziehungsstress und aktiviert positive Mechanismen. Dazu müssen Sie allerdings beachten,

- dass die Schatten der Vergangenheit, jene Verletzungen und Schmerzen oft aus früher Kindheit, wieder und wieder auftauchen und nur langsam verschwinden (vor allem durch das Sprechen darüber),
- dass eigene Erfahrungen mit dem Scheitern nicht bedeuten, dass man wieder scheitern wird,
- dass die Erinnerung an eigene Erfolge in der Bewältigung einer Krise die Zuversicht am Leben halten,
- dass tröstliche Gedanken an einen guten Gott und der Glaube an ein Leben nach dem Tode die Zuversicht in das Dasein erhöhen,
- dass die Idee, dass es sich „trotz allem" lohnt, jede Mühsal erträglich macht.

Der Brief

Juni 1992

Herr Strecker, ich möchte Ihnen für das gute Gespräch am letzten Dienstag danken. Es hat mir so gut getan, besonders weil ich überhaupt nichts davon erwartet hatte.
Leider kann ich es so schwer in Worte fassen, was eigentlich so neu daran war, denn Gespräche über die Problematik in der Beziehung zu Ulrich habe ich schon so viele geführt. Es waren auch immer wieder welche dabei, die mich ein bisschen weiter gebracht haben, trotzdem stagnierte es irgendwann und ich

habe so den Mut verloren, weitere, tiefer greifende Gespräche zu führen.
Bei Ihnen war etwas Neues. Es begann mit Ihrer Frage an mich: Können Sie überhaupt durchhalten? Es ging weiter mit Ihrer Feststellung: So können Sie sich doch Ihr Leben nicht vorgestellt haben.
Ich habe mich in so neuer Weise von Ihnen „angenommen" gefühlt, obwohl ich, wie ich Ihnen ja sagte, mir letztlich die ganze Suppe mit Ulrich selbst eingebrockt habe, es alles hätte wissen müssen.
An diesem Punkt wird mir normalerweise meine ganze eigene Dummheit immer so verzweifelt klar und auch wenn ich mir noch so oft sage, meine Hoffnungen, es kann noch eine positive Entwicklung stattfinden mit Ulrich, haben eine Berechtigung – ich fühle mich als dummes Weibchen, das, von dem Wunsch nach Familie und Kindern getrieben, alles daransetzte und sämtliche „rosaroten Brillen" aufsetzte, um endlich den Ehehafen anzulaufen.
Über diesen Punkt haben Sie mich in unserem Gespräch hinweggebracht, denn ich fühlte mich erstaunlicherweise nicht so, wie ich es oben beschrieben habe.
Es kamen auch keine Schuldgefühle bei mir hoch während unseres Spazierganges.
Ich hätte sie hochkommen lassen, aber durch Ihre Art des Umgangs mit mir tat sich da nichts – dies war für mich auch neu und sehr wohltuend.
Diese Schuldgefühle haben mich ziemlich geplagt in den letzten Jahren. Ich habe mir vorgeworfen, Ulrich

durch meine Art in die Ecke zu drängen, ihn in Grund und Boden zu reden, ihn zu überfahren, denn irgendwoher musste ja sein Schweigen, seine Gleichgültigkeit, seine Zurückhaltung kommen.
Ich habe bewusst praktiziert, mich „zurückzunehmen", lange, länger, Tage, Wochen, Monate, wie ich glaube, und weil sich Ulrich nicht änderte, habe ich geglaubt, ich habe mich immer noch nicht genug zurückgenommen!
Als Sie ziemlich eingangs unseres Gespräches im Zusammenhang mit Ihrer Erkenntnis des „Kindchen-Schemas" sagten: „Er ist Ihnen nicht gewachsen", da dachte ich, so, jetzt kommt's, jetzt bin ich's wieder, die ihn fertig macht. Aber es kam nichts, keine Schuldzuweisung, und auch dadurch haben Sie mir ein wenig weitergeholfen: durch Ihre sicherlich noch in den Anfängen steckende Erkenntnis, Ulrichs Problem liegt tiefer, weiter zurück – ich bin allerhöchstens auslösende Funktion. Leichter macht es das natürlich auch nicht ...
Lieber Herr Strecker, jetzt will ich aufhören, es gibt noch so vieles, aber das schriftlich auszudrücken, ist etwas vom Schwierigsten.

Bisweilen ziehen wir uns die falschen Schuhe an. Es ist wirklich nicht so, dass in einer Partnerschaft der Grund für eine Krise unbedingt bei dem einen oder der anderen liegen muss. Es kann, wie diese Frau schreibt, tiefer liegen, weiter zurück. Sie suchte den Grund bei sich. Das ist edel und im Prinzip auch richtig. Aber in diesem Fall lag die Ursache außerhalb ihrer Person. Wer nun jedoch glaubt, dass die Schuld bei einem selbst liegt, der kommt in einen Teufelskreis und versinkt immer tiefer in einem Strudel. Sie schreibt: „Und weil er sich immer noch nicht änderte, habe ich geglaubt, ich habe mich immer noch nicht genug zurückgenommen." Damit drückt sie aus, dass sie sich verändern, anpassen und unterdrücken muss. Dies ist aber nicht der Sinn in einer Partnerschaft. Jeder soll sich selbst verwirklichen dürfen, soll sich ja nicht zurücknehmen (wohin zurück?) – vorausgesetzt, er will dem anderen nicht bewusst schaden, ihn verletzen, kränken oder beleidigen. Sich selbst und den anderen freilassen im Wissen: wir gehören zusammen, das ist die Grundlage einer guten Partnerschaft – und der gute Umgang mit sich selber.

Not-wendige Hilfen

Versuchen Sie, Ihren Partner nicht absichtlich zu verletzen, zu kränken und zu beleidigen.
Sagen Sie immer wieder, dass Sie das nicht wollen.

Die große Kunst der Partnerwahl

Oft sind es unrealistische und viel zu romantische Vorstellungen über das Leben zu zweit, die eine Partnerschaft zerbrechen lassen. Gewiss: Romantik gehört auch zu einer Partnerschaft, aber eben nicht Blindheit (Sagen wir nicht auch: Jemand hat sich „verschaut"?). Ich möchte Ihnen helfen, Fehler bei der Partnerwahl zu vermeiden.

Es ist ein Irrtum zu glauben, dass man erst dann heiraten soll, wenn man den perfekten Partner gewonnen hat. Richtig ist, dass es eine Menge von Partnern gibt, die zu einem passen, auch wenn es beim ersten Male nicht so aussieht, als wäre es die große Funken sprühende Liebe. Sicherlich haben wir den aus früher Kindheit stammenden Wunsch nach absoluter Sicherheit und Geborgenheit. Aber der Partner oder die Partnerin ist eben nicht ein zweiter Vater oder eine zweite Mutter. Ein Partner ist niemals perfekt. Worauf Sie allerdings achten sollten, ist, dass positive und negative Eigenschaften des Partners „ausbalanciert" sind. Nur dann kann eine Beziehung funktionieren.

Falsch ist auch das Sprichwort: „Drum prüfe, wer sich ewig bindet." Wer nämlich den Partner und sich selbst testet, bringt damit nur sein Misstrauen zum Ausdruck. Ein späteres Scheitern der Ehe kann er damit auf keinen Fall verhindern. Es kann sogar das Gegenteil eintreten, dass nämlich der Partner auf dem Prüfstand enttäuscht und frustriert die Beziehung beendet. Ehetauglichkeit ist nicht prüfbar. Die Beziehung vor der Ehe ist meist anders als in der Ehe. Allerdings gibt es frühe Warnsignale. Eines der wichtigsten ist, wenn es ein Gefälle von Geben und Nehmen gibt. Wenn der andere nur nimmt und kaum gibt, dann ist das vor der Ehe schon ein Anzeichen für Eheunfähigkeit!

Es ist auch ein Irrtum zu glauben, jede Ehe gelinge, wenn man sich nur anstrengt. Das war mein Fehler in meiner ersten Ehe. Ich dachte mir, dass sich diese Frau schon ändert, wenn wir erst verheiratet sind. Aber einem Partner allein kann es nicht gelingen, eine Ehe glücklich zu machen. Meine permanenten Anstrengungen haben zu einer völligen Erschöpfung und Lebensmüdigkeit geführt.

Liebe alleine ist kein Heiratsgrund. Ohne Liebe zu heiraten, macht auch nicht glücklich. Zur Liebe müssen andere Garantieposten kommen: ähnliche Wertvorstellungen, ähnlicher sozialer Hintergrund, Ehebereitschaft, ähnliche Interessen. Gegensätze ziehen sich eben *nicht* an, zumindest nicht, was eine Ehe betrifft. Was anfangs beim Partner durch seine Andersartigkeit als anziehend empfunden wird, kann sich im Laufe einer Ehe zum ständigen Störfaktor entwickeln. Halten Sie also Ausschau nach jemandem, der Ihnen ähnlich ist. Im Laufe der Ehe werden Sie sich dann sogar äußerlich immer ähnlicher.

Ein großer Irrtum ist, dass der Zufall bestimmt, ob man einen Partner findet und welchen. Partnerwahl ist alles andere als eine zufällige Sache. Ehe hat sehr

viel mit Verantwortung zu tun, und deshalb sollte man dem Zufall nicht Tor und Tür öffnen.
Ich empfehle Ihnen ein Buch: Helen Fischer, Anatomie der Liebe, Droemer-Knaur-Verlag. Dort werden Sie lesen, dass wir von unseren nomadischen Vorfahren viel über die Wurzeln der Partnerschaft lernen können.

Sie können es trotzdem schaffen!

Diesen Mann kriegt niemand mehr hin, dachte ich, der ist völlig fertig, am Ende. Eine solche Kindheit (sein Schulkamerad neben ihm von einem Amokläufer erschossen, die Mutter früh verstorben, eine Ehe, die im Chaos endete), danach Alkohol, der Verlust von Freunden, da gab selbst ich, der sonst bis zur letzten Faser hofft, meinen Optimismus auf.
Jahre später traf ich ihn wieder, einen ruhigen, in sich ruhenden offenen Menschen.
„Mir geht es gut“, sagte er und lachte vor Glück. Er lud mich zu sich nach Hause ein und dort traf ich die Quelle seines Glücks und den Hort seiner Ruhe, seine neue Frau. Sie erzählte mir, warum es gutgegangen ist:
„Man kann dem Glück nachhelfen. Obwohl er so wenig Liebe und Zuneigung erhielt, obwohl er Schreckliches erlebte, habe ich an ihn geglaubt. Ich liebe ihn, einfach so, ich weiß nicht warum, weigere mich auch, darüber nachzudenken, warum er. Alle haben

mich vor ihm gewarnt, aber ich spürte: Dies ist der Mann für dein Leben. Selbst er warnte mich vor sich, aber gegen meine Liebe konnte er nichts ausrichten. Sie war ein Schutzschild, wie ein Ort der Ruhe, meine Liebe. So konnte er wachsen – und meine Liebe behutsam annehmen. Der Vergleich hinkt, aber manchmal denke ich an ein Kätzchen, das mühsam lernen muss, Vertrauen zu fassen, nachdem es in die raue Welt ausgesetzt, von barbarischen Menschen mit Steinen beworfen, alle Verzagtheit dieser Welt in sich trägt. Nichts hat er sich zugetraut. Da habe ich begonnen, das wenige Positive, was er auch sehen konnte, herauszustellen, sein musisches Talent vor allem. Und als ich sah, wie er bei einem Einkaufsbummel fasziniert vor einer Modelleisenbahn stand, da habe ich ihm zum Geburtstag eine Lok mit Waggons geschenkt.

Nun baut er behutsam und stolz eine ganze Stadt in einem Zimmer, das wir ihm im Keller eingerichtet haben. Vor allem habe ich begonnen, einen Freundeskreis aufzubauen. Es war mühsam für ihn, sich den anderen zu öffnen, in andere Häuser zu gehen oder hier bei einem Essen als Gastgeber Verantwortung zu tragen. „Das war am Anfang schlimm."

Sie verbesserte sich: „Nein, schlimm war es nicht, schwierig war es, denn er hatte überhaupt keine Ausdauer, abgesehen von seiner Eisenbahn. Wenn er nur den Tisch decken sollte, dann war ihm das zu viel. Aber auch dies änderte sich allmählich, vielleicht weil ich ihn ob seiner Ausdauer mit der Eisenbahn und der Stadt lobte. Und eines Tages war es dann soweit; er konnte sich dem Stress des Lebens stellen, auch dem Stress einer Ehe."

„Sie sind mit ihm umgegangen wie eine gute Mutter mit ihrem Kind. Sie haben das Positive hervorgehoben, Sie haben für ein Hobby gesorgt, Sie haben Freundschaften unterstützt und Verantwortung getragen, seine Ausdauer gefördert und ihn so gegen Stress gefeit. Darüber hinaus spüre ich, dass Sie vor Optimismus nur so strotzen. Das geht aber in einer Ehe auf Dauer nicht gut. Eine Ehefrau kann nur in sehr zeitlich begrenztem Maße Mutter sein."

„Ja, das weiß ich. Und ich habe mir auch eine Frist gesetzt, ihm und mir. Uns kam aber noch etwas zugute, was mein vorübergehendes Mutter-Dasein erträglich machte, die Liebe, auch eine wirklich schöne, körperliche Liebe. Warum sollte ich aufgeben, wenn er mich so glücklich machen konnte und ich ihn auch?"

Not-wendige Hilfen

Man kann dem Glück nachhelfen. Auch wenn man eine schlimme Vergangenheit hat – es gibt einen Menschen für mich, mit dem ich glücklich werden kann. Ich muss ihn suchen wollen.

Die Frau eines erfolgreichen Mannes

Zweifellos ist sie ihrem Mann überlegen, eine begabte Frau eines erfolgreichen Mannes. Und nun ist er todkrank. Mit Schuldgefühlen kommt sie zu mir, denn sie fühlt sich gut, obwohl doch ihr Mann dem Tode näher ist als dem Leben und obwohl sie ihn doch liebt. Schuldgefühle sind eine Last vergleichbar jener, die Atlas getragen hat. Sie tragen Nacht in unsere Seelen; den Schlaf rauben sie uns und vergällen den Tag. Sie verqueren das Denken und verirren die Gefühle. Angst wird geboren. Von dort ist es nicht mehr weit in die Krankheit. Es ist jedes Psychologen Aufgabe, und die des Theologen sowieso, die Angst zu verkleinern, damit Leben vor dem Tod möglich ist.

Manchmal fühlen sich Frauen gut, wenn sie feststellen, dass die Liebe erloschen ist. Aber Frau Sommer liebt ihren Mann und fühlt sich gut, obwohl ihr Mann so krank ist und sie ihn verlieren kann. Ich frage sie, was sie den macht, wenn sie sich gut fühlt.

„Malen und Gedichte schreiben", antwortet sie.

Eine Woche später bringt sie mir Gedichte mit und zeigt mir eine Mappe mit Radierungen – beides wunderschön. Das ist eine Künstlerin, dachte ich und fragte, wo sie denn die Malerei gelernt habe. Bei einem berühmten Künstler sei sie in die Lehre gegangen, aber dann habe sie ihren Mann kennen gelernt. Ihm war sie vor allem liebende Gefährtin und verständnisvolle Partnerin, das habe er von ihr er-

wartet. Anfangs habe sie sich gegen diese Rollenzuwendung gewehrt, doch dann habe sie kapituliert.
„Wann denn?", fragte ich sie.
„Als ich mich um das erste Kind kümmern musste", antwortet sie leise.
„Ich hatte einfach keine Zeit. Das Kind beanspruchte mich sehr, mein Mann konnte mich nicht entlasten, er war oft unterwegs. Und ich hatte das Gefühl, dass er mich so in atemloser Beschäftigung brauchte, denn er wollte nicht, dass ich male, neidisch war er, als ein Galerist meine Bilder ausstellen wollte."
„Sie malen wieder, seitdem er krank ist." Keine Frage von mir, eher eine Feststellung. Sie nickte.
Seit Jahren hatte sie sich gewünscht, endlich wieder ihre künstlerischen Fähigkeiten ausleben zu dürfen. Nie jedoch hatte sie dem Mann diesen Wunsch offenbart, vermutlich weil er in dieser begabten Frau eine Rivalin sah, die das Interesse der Öffentlichkeit von ihm weg auf sie lenkte. *Er* übersah dabei, dass er sich einer großen Chance beraubte, nämlich jener der Bereicherung durch eine kreative Partnerin und auch jener der Muße, denn es ist „wahnsinnig" anstrengend, immer im Blickpunkt zu stehen. Es hätte ihm gut getan, wenn hin und wieder die Augen der anderen nur auf ihr geruht hätten.
Zu einer guten Partnerschaft gehört auch, die besonderen Fähigkeiten des Partners anzuerkennen, sie zu achten und zu fördern. Wer seinen Partner bekämpft, wer ihn gering macht, wer ihm nur, wie im geschilderten Falle, die Rolle der Mutter, der liebenden Gefähr-

tin oder der verständnisvollen Partnerin zuschreibt, bringt Unglück über sich und den anderen. Und natürlich braucht sich niemand schuldig zu fühlen, wenn er oder sie wieder zurückfindet zur Kreativität, zu seiner Begabung, selbst wenn der Weg erst durch Tod, Trennung oder Krankheit des Partners frei wird.

Not-wendige Hilfen

Verzichten Sie in einer Partnerschaft nicht auf *Ihren* Bereich: Schreiben Sie, malen Sie, joggen Sie.
Und wenn Sie einen kreativen Partner/eine kreative Partnerin haben: Freuen Sie sich an ihm/ihr und sagen sie ihm/ihr: Du bist wunderbar!

Mehr als nur Liebe

Beide konnten es nicht fassen.
„Wir waren das ideale Paar", sagten sie. „Wie wir uns geliebt haben, heiß und innig, tief und verständnisvoll! Schön war es und immer sollte sie dauern, diese Liebe. Alle haben uns beneidet, alle, auch diejenigen, die unkten, es wäre schnell vorbei mit dieser Liebe. Und nun ist es vorbei. Wir sind ratlos. Und dabei waren wir voll guter Absichten."

Sie sind in einer Krise, Hans und Gertrud. Seit mehr als zehn Jahren sind sie verheiratet. Nicht die Jüngsten sind sie und können wohl unterscheiden zwischen der Zeit des Verliebtseins und der Liebe. Liebe ist sicherlich eine unverzichtbare Komponente einer guten Partnerschaft. Aber es gibt noch eine zweite: die Freundschaft. Hans sagte mir:
„Anfangs war Gertrud weniger meine Geliebte als meine beste Freundin. Ihr habe ich alles anvertraut. Mit ihr konnte ich lachen und weinen. Das war lange bevor wir die Liebe, auch die Vereinigung, als Bereicherung hinzufügten. Und jetzt träume ich schon von anderen Frauen. Aber ich will eigentlich keine andere Frau."
Es muss gelingen, im Partner nicht nur den Liebhaber, die Verehrte oder den zu Beschützenden zu sehen, sondern den Freund oder die Freundin. Gertrud bestätigte mir auch, dass sie mit Hans zwar über die gemeinsame Tochter spricht oder darüber, wo sie den nächsten Urlaub verbringen. Aber alle anderen Themen bespricht sie lieber mit ihren Freundinnen. Und als ich sie fragte, ob sie denn nie versucht hätte, mit Hans über ihre Probleme oder Vorstellungen zu sprechen, antwortete sie, dass sie sich daran nicht erinnern könne. Vermutlich hat sie es nie versucht, weil sie gar nicht auf diese Idee gekommen ist, obwohl es große Probleme gab.
Ihr Vater war alkoholabhängig und geriet in große Schwierigkeiten. „Ich habe mich geschämt, mit ihm darüber zu sprechen", gestand sie.

Aber vor einem Freund braucht man sich nicht zu schämen. Ein solches Problem lässt sich auch nicht in einem Viertelstündchen abhandeln. Dazu benötigt man/frau Zeit. Gemeinsam verbrachte Zeit, nicht nur Schmusezeit, ist Balsam für eine Partnerschaft.
Hans und Gertrud müssen lernen, aufrichtig zueinander zu sein. Dazu gehört auch, dass der Partner, der ein Freund oder eine Freundin ist, das Recht auf Kritik hat. Wer von seinem Partner ständig nur Lob und Anerkennung erwartet, der sehnt sich nach einer Mutter oder einem Vater. Sie müssen lernen, sich gegenseitig zu akzeptieren und sich nicht ständig in ein Idealbild zu verrennen. „Du sollst dir kein Bildnis machen", heißt es in der Bibel von Gott. Das gilt auch für Menschen. Man darf den Partner nicht in ein Bild pressen. Jeder, jede hat das Recht, ein anderer/eine andere zu werden, sich zu verändern und zu entwickeln. Der Partner muss auch nicht unser Spiegelbild sein. Er muss nicht so denken oder so fühlen wie ich. Er darf anders sein.
Zur Freundschaft gehören Handlungen, Taten, gemeinsame Aktionen. Diese Gemeinsamkeiten gilt es zu entdecken, dann wächst liebevolle Freundschaft. Die Partner kommen einander näher und fühlen sich einfach gut.

Not-wendige Hilfen

Der Partner ist mehr als nur der Geliebte, die Liebhaberin oder der/die zu Beschützende:
Er ist der Freund und die Freundin, mit dem/der man sich immer wieder vertraut machen muss und mit dem/der man viel gemeinsame Zeit verbringt.

Bob Dylan

All I Really Want to Do
(Alles, was ich wirklich möchte)

Ich will nicht mit dir konkurrieren,
dich schlagen, betrügen oder misshandeln,
dich primitiver machen als du bist,
dich einfach in eine Kategorie einordnen,
verleugnen, dir die Stirn bieten oder dich kreuzigen.

Alles, was ich wirklich möchte, ist mit dir befreundet sein.

Nein, ich möchte nicht mit dir kämpfen,
dich abstoßen oder verkrampfen,
dich enttäuschen oder deine Träume zerstören,
dich fesseln oder herunterbringen.

Alles, was ich wirklich möchte, ist mit dir befreundet sein.

Ich möchte nicht die Dumme aus dir machen,
mit dir wettrennen,
dir hinterher laufen oder nachspionieren,
dich bedrängen oder verdrängen
oder dich festlegen auf etwas, was du nicht bist,
oder dich einschränken.

Alles, was ich wirklich möchte, ist mit dir befreundet sein.

Ich möchte deine Verwandten gar nicht sehen,
ich möchte dich nicht einspinnen oder ausnutzen,
ich möchte nicht nur einen Teil von dir auswählen,
dich sezieren, möchte dich nicht auseinandernehmen
oder zurückstoßen.

Alles, was ich wirklich möchte, ist mit dir befreundet sein.

Ich möchte dich nicht verfälschen,
ausnehmen, ausschütteln oder verlassen.
Ich werde nicht darauf aus sein, dass du dich fühlst
wie ich, die Welt siehst wie ich oder bist wie ich.

Alles, was ich wirklich möchte, ist mit dir befreundet sein.

Die Frau mit dem dicken Fell

Wir alle kämpfen in der Klinik um ihr Leben. Wir werden den Kampf verlieren, obwohl jede, jeder von uns mit Leib und Seele sein Mögliches tut, denn sie will nicht mehr leben. Für den Tod hat sie sich entschieden, obwohl sie jung ist und liebt.
Die Krankheit heißt Sklerodermie. Die Haut verdickt sich, wird wie hartes Wachs, lässt wenig Austausch von Sauerstoff und Berührung zu. Sie hat sich ein dickes Fell zugelegt, einen Panzer aus Haut, der sie abschottet gegen den, den sie liebt. Zweiunddreißig Jahre jung wird sie entweder elendiglich ersticken oder vielleicht durch einen schnellen Herzstillstand ihren Weg beenden.
Sie liebt einen Mann und kann nicht von ihm lassen, obwohl er sie seit Jahren verletzt und kränkt. Am Anfang, so erzählte sie mir, da war alles schön und offen. Ihm geöffnet habe sie sich, weit und verantwortungsvoll.
Sie hatte das Grundlegende einer glücklichen und gesunden Partnerschaft begriffen: das Sich-Öffnen, das Hereinlassen. Zumachen, Dichtmachen, Abwehr ist das Gegenteil von Liebe. In der Liebe öffnet ein Mensch seine Tore, lässt einen anderen in seinen Nahbereich und verzichtet auf eine Mauer. Wie gefährdet die Liebe ist, weiß jeder, der von jenem Menschen, dem er sich geöffnet hat, der seine Grenztore durchschreiten durfte, enttäuscht und verletzt wird. Wenn jemand in einer Partnerschaft sagt: „Ich liebe

dich“ und damit zu verstehen gibt: Du darfst dich ohne Angst mir öffnen und ich werde mich dir auch öffnen, denn ich weiß: Wir werden einander nicht verletzen, dann ist *der* Grundstein für eine glückliche Partnerschaft gelegt.
Es wird nicht ausbleiben, dass man einander trotzdem verletzt. Aber eine solche Wunde ist erträglich, wenn jeder weiß: Es geschieht nicht mit Absicht oder aus Rache oder weil der Partner für etwas herhalten muss, was eigentlich einem anderen galt. Sagen Sie deshalb einander immer wieder: „Ich will dich nicht verletzen.“ Und wenn Sie verletzt worden sind, dann sprechen Sie es aus. Sagen Sie: „Du, das hat mich verletzt“ oder „deine Worte tun mir weh.“ Sagen Sie, was zu sagen ist!
„Ich habe mich ihm geöffnet“, sagte sie. „Weit und vertrauensvoll. Er ist ein so toller Mann, wunderbar, schön, stark, attraktiv, auch klug. Aber da gab es immer wieder andere Frauen, zu denen er ging. Und seine Sätze wie: Du bist ganz o.k., aber deine Haare gefallen mir nicht. Oder: Du wirst immer magerer, an dir ist gar nichts mehr dran, die haben mich tief getroffen, und sie haben wehgetan.“
Was tut ein Mensch, dessen dünne Haut immer wieder verletzt wird? Er legt sich ein dickes Fell zu. Und wirklich war es so. Ihre Haut verdickte sich zu einer Haut, wie ein Elefant sie gegen Dornendickicht und Speerspitzen trägt. Sie machte dicht und schloss somit die Liebe aus. Auch das ist richtig, denn wenn die Liebe endet, wenn man sich verschaut hat und

diesen Irrweg sieht, dann darf man sich verschließen. Leider aber war es jene besondere Art von Liebe, die wir amour fou nennen, eine ver-rückte. Sie konnte nicht von ihm lassen, obwohl ihre Haut schrie: Lass ihn fahren, er ist dein Untergang.
„Ich komme einfach nicht von ihm los", waren ihre letzten Worte, bevor sie an Herzstillstand starb.
Zum guten Umgang in einer Partnerschaft gehört die feste Absicht, einander nicht zu verletzen, aber auch, die Konsequenzen zu ziehen, wenn der Partner oder die Partnerin diesen Grundsatz missachtet. Dann muss man sich trennen. Wer dies nicht tut, wird krank, manchmal sogar sterbenskrank.

Not-wendige Hilfen

Wenn alles nichts hilft, wenn es nur noch Leid und Schimpf und Schande in Ihrem Partnerschaftsalltag gibt, wenn Sie alles nur Mögliche versucht haben und sich dennoch nur müde, traurig und hilflos fühlen, dann besteht die Lösung in der *Lösung:*
Trennen Sie sich von dem, was Sie krank macht!

Lob der Zärtlichkeit – eine Hochzeitspredigt

Lieber Andreas! Liebe Regine!
Ihr habt euch einen Predigttext ausgesucht, der im 2. Brief an Timotheus steht: „Denn Gott hat uns nicht einen Geist der Verzagtheit gegeben, sondern einen der Kraft und der Liebe und der Zucht" (1,7).
Es fällt mir schwer, darüber zu predigen, denn das Wort „Zucht" lässt beklemmende Assoziationen aus meiner Vergangenheit hochkommen, gezüchtigt werden, wieder und wieder. Der Text und euer Leben meinen es anders: Es geht um Disziplin, die in der Gemeinsamkeit mit Kraft und Liebe ein Leben, ohne den anderen zu verletzen, möglich macht, ein Leben ohne Angst.
Ich wünsche es euch von Herzen. Hört als Prolog ein Gedicht von Elisabeth Borchers.

hör und sieh diese zeit
diese plötzliche rotdornige zeit
wenn die frauen zum fluss wollen
wenn die männer zum fluss wollen
wenn einer sagt
das leben ist schön geworden
und ich bin schön

aber wenn es nacht wird
aber wenn die nacht lebendig wird
aber wenn die nacht ein käfig wird
aber wenn die vögel durch offene münder fliegen
und die stimmen lauter sind als die stimmen

hör
wenn da einer ist
und einer wird immer da sein
der sprachlos sich selbst fortgehen sieht
er
der flügellose
auf der straße
den flügelschnellen
im blauen blau.

Heute soll ein anderer Tag sein, auch eine andere Sprache soll sein. Nicht reden wollen wir von Abschied und Verzagtheit, nicht vom Sterben des Lichts oder von Finsternis, nicht reden wollen wir vom Zerfall der Erde und vom Fallen der Wolken. Ein wenig reden wollen wir von der Angst, zu sein, was wir werden können, ein wenig nur, Ihr Lieben. Singen wollen wir heute vom Leben, von den Tagen der Johannisbeeren, vom Blühen und Wachsen der Margeriten, vom Bauen eines Nestes, ein Nest wie der Schoß einer Frau, warum und feucht und gut. Heute ist nicht der Tag der Klage. Vergessen wollen wir Sätze wie: Du kommst immer so spät, wenn alles schon schläft, wenn nichts sanfter mehr ist als der Schlaf. Heute wollen wir Blumen wachsen lassen zwischen den Steinen, auch zwischen den älteren Steinen. Heute wollen wir das Kalte erwärmen. Heute hoffen wir, hoffen darauf, dass es morgen auch so sein wird und übermorgen und viele Tage nach übermorgen, hoffen besonders darauf, dass wir uns erinnern mögen, wenn lange und eisige Stunden kommen und der Nebel der Nacht uns fressen will. Ihr seid nicht mehr allein. Gott sei Dank! Kennst du das Gefühl, ein dir im Grunde fremdes Leben zu leben, nicht leben zu können, nicht leben zu dürfen, was du willst? Dieses Gefühl tritt auf, wenn ihr allein seid, wenn ihr allein treibt auf einem unendlichen schwarzen Meer mit Winden, die euch die Luft zum Atmen nehmen, ermattet seid ihr dann, erschöpft, ohne Kraft, den Strömungen zu widerstehen. Dann vergehen Tage, als seien es Jahre. Und dann kommt die Angst, die *Enge,* die Härte, die Verzerrung, das Gefühl von Einsamkeit und Isolation und Schmerz. Bitte, überwindet das Harte durch das Weiche, durch die Liebe, durch die Zärtlichkeit, die Kraft und die Disziplin, die durchaus auch zupacken und festhalten können. Nie, ihr Lieben, nie jedoch darf das Festhalten zum Dauerhaften werden. Lasst los, dann wird die Sonne die Nebel aufsaugen und Knospen von Blumen werden sich zaghaft öffnen. Ihr werdet euch anschauen können und sagen: Du, Andreas, du, Regine, ich liebe dich. Oder: Dich liebe ich. Oder: Ich bin so ruhig, wenn du da bist. Oder: Ich habe keine Angst. Zärtlichkeiten wünsche ich euch, uns. Welch gefährliches Wort in dieser Zeit der Verdinglichung, des Funktionieren-Müssens und der Züchtigung ist das Wort der Zärtlichkeit. Manche Menschen meinen, dass man gar nicht genau sagen kann, was das ist: Zärtlichkeit. Hört ein Gedicht als ersten Versuch über die Basis eurer Ehe:

Leicht ist der Tag
auch die Nacht, Liebes,
und der neue Morgen mit dir,
mit dir.

Auch wenn von Zeit zu Zeit
schwarze Wolken durch die Träume
segeln
und Trauernebel den Schritt
verzögern.

Leicht, Liebes,
so leicht, ja.

Hoffnung ist dabei, eine unirdische göttliche Hoffnung, dass es leicht sein wird, trotz aller Schwere, trotz aller Steine, die im und auf dem Weg liegen werden. Zärtlichkeit und Hoffnung gehören zusammen. Zärtlichkeit und Liebe auch. Zärtlichkeit und Zärtlichkeiten auf jeden Fall!
Zärtlichkeit ist eine Form liebender Intelligenz. Aber man verwechsle Intelligenz auf keinen Fall mit Logik. Menschliches Glück, Geborgenheit, Sinn im Leben liegt jenseits von Logik. Zärtlichkeit ist ein Haus, da hinein sollen wir kriechen und wissen:
Ja musst du zu dir sagen. Du musst dich anstiften zu deinem Glück, du musst dich dazu verleiten, Geduld mit dir zu haben, deine eigenen Träume zu träumen, dein eigenes Leben zu leben, und dann wende dich dem Partner und den anderen zu. Mit anderen Wor-

ten: Nichts ist verletzlicher, wehrloser, schwächer als Zärtlichkeit. Und gerade deswegen ist sie solide Grundlage lebenslanger Beziehungen.
Zärtlichkeit will erleuchten, will neue Pforten der Wahrnehmung eröffnen. Man braucht sich nicht zu verbergen noch zu verstecken oder gar zu verleugnen. Zeigt euch! Träumt! Atmet! Man kann jederzeit neu anfangen. Jederzeit ein anderer, eine andere werden. Jederzeit. Wir betreten ein Reich sinnlicher Intelligenz. Wir betreten das Reich Gottes, das Reich der Liebe, der Nicht-Verzagten, das nur Liebe ist, wenn es den anderen in die Freiheit entlässt, zu lieben oder nicht. In diesem Reich teile ich mich dem anderen mit. In diesem Reich – verzeiht das Wort – investiere ich mich. Hier wird das *Du* greifbar und es genügt ein Blick, lang und ohne Argwohn, es genügt das langsame Streicheln der Daumen über die Schläfen, es genügt der Druck der fünf Finger auf fünf Finger des anderen. Es genügt ein wohliger Seufzer, ein Atmen, als ob der Herzschlag aussetzt, oder ein Weinen vor Glück, vor Glück! Alles ist Geborgenheit und der Tod ist fern.
Ein Leben auf dem Fundament der Zärtlichkeit ist ein Raum ohne Herrschaft. Herrschaftsansprüche zerstören die Zärtlichkeit. Zwischen Sieger und Besiegtem ist keine Zärtlichkeit möglich und zwischen ihnen gibt es keine Versöhnung. Ich weiß: Zärtlichkeit weckt die Aufmerksamkeit für das Unscheinbare und für wirkliche, wahre Schönheit. Eine hilfelose Geste, ein unartikulierter Laut wie ein Seufzer, ein wohliges Stöhnen,

ein flüchtiger guter Schatten im Auge wird plötzlich zum Zentrum der Welt und alles andere, was sonst in der „normalen" Welt als wichtig gilt, verblasst zur Bedeutungslosigkeit, zum Nichts, zum nichtigen Nichts. Hört ein Gedicht:

Ich liebe dich, dir vertraue ich,
unser Glück
gehört
nicht nur
uns, uns zwei allein.

Nicht mehr gewöhnen wollen wir uns
an das
Totsein
der Lieblosen,

das einsperrt
und aufrechnet
und vorschreibt
und dich kaltblütig verraten wird,
wenn du aus dem Gefängnis
ausbrichst,
um in die
Freiheit
zu laufen,
weil du dir selbst nicht fremd sein willst,
sondern lieben
und leben,
leben, leben.

Zärtlichkeit ist ein körperliches Geschehen, vor allem ein Erlebnis der Haut. Der Duft von Handflächen und Körperfurchen kann Brücke sein in ein Land ohne Schmerz und ohne todbringenden Schlaf. Zärtlichkeit lebt von den Sinnen, vom Sehsinn, besonders vom Fühlsinn. Auch Worte kann man fühlen.
Praktiziert die Zärtlichkeit, spürt, was sich dann ereignet wie ein warmer Regen nach Zeiten der Dürre, wie ein guter Wind für die schlaffen Segel eines müden Bootes, wie Sonne, die das Eis zum Schmelzen bringt: Angst verschwindet, Spannung löst sich, Hast wandelt sich zur wohligen Ruhe.
Es gibt aber auch das Umgekehrte und auch dies gehört zum Leben, wird zu eurem Leben gehören: Wo Angst vorherrscht und Zärtlichkeit zu kurz kommt, sind wir bedroht, unsere Seele verdorrt, unser Körper trocknet aus und die Bösen der Welt werden Macht über uns gewinnen. Dann können wir nicht verdeutlichen, was wir erleben. Nein, wir erleben sogar eine entfremdete Wiederkehr von Leere. Je größer die Opfer, desto kleiner die Liebe. Ich selbst habe es erst lernen müssen. Jeder holt sich dann vom anderen das Seine. Nein, so nicht, so zwar manchmal, aber nicht immer und nicht um jeden Preis!
Habt Mut und Kraft, einander zu entdecken und euch entdecken zu lassen! Lasst den Dialog zu, den Dialog der Worte und der Hände und der Augen und der intimsten Intimität, verweilt, damit sich Vergangenes und Zukünftiges im *Jetzt* auflösen! Und vertraut auf meine kleine Wahrheit:

– Wenn du jemanden fühlst, ihn streichelst, fühlst du gleichzeitig ihn/sie *und* dich selber. Ohne ihn/sie würdest du dich nicht fühlen können. Allein bist du meist in schlechter Gesellschaft. Deshalb ist es nicht gottgewollt – und Gott ist die Umschreibung für die Nähe und die Möglichkeit der Liebe trotz allem! –, allein zu sein.
– Oder: Sei neugierig, wenn du zärtlich bist! Spür, wann du zupacken kannst, ohne dass Schmerzen entstehen oder Leid oder Angst. Schöne Dinge entdeckst du: Wie du bist und wie du dich fühlst; neugierig wirst du, wenn du Lust verspürst, was sich ereignet, wenn du den anderen ansiehst, anfasst, *Ja* zu ihm sagst. Welten, Meere wirst zumindest *du* in dir entdecken. Gespräche, Berührungen und Gesten können Expeditionen ins Leben werden.
– Oder: Zärtlich sein, da kehrt die Mutter wieder oder eine andere Person, die dich trug, die dich bettete, die dich zur Ruhe brachte, dir mit gesummten Tönen die Angst nahm, dir mit ihrer puren Nähe die Angst nahm, weil du absolut sicher wusstest: Ich bin nicht allein. Schön, so wunderschön.
– Oder: Zärtlich sein; der Vater taucht auf, hebt dich mit warmen Augen und fester Hand auf und bringt dich an einen sicheren Ort. Er schimpft nicht.
– Oder: Zärtlich sein; du bist wieder selbst Kind, lebst ohne Vorsorge, ohne Argwohn. Allein das Gegenwärtige ist wahr und du fühlst dich wohl, so wohl.

Alleinsein ist nicht gottgewollt. Zusammenleben ohne Liebe und Zärtlichkeit auch nicht. Dabei dürfen wir nicht vergessen: Lieben darf nicht mit Besitzen gleichgesetzt werden. Und wir dürfen nicht vergessen: Lieben ist Aktivität, nicht Passivität. Wir *haben* den anderen nicht. Liebe ist ein Kind der Freiheit. Und sicher ist auch: Liebe ist dort, wo man Verantwortung übernimmt und wo man sich sorgt, ohne sich selbst zu vergessen. Lasst euch die Verantwortung und Sorge nicht von gesellschaftlichen Mächten abnehmen! Und beachtet die Grenze: Der andere, der Partner, ist für sich selbst verantwortlich. Nur: Wenn er nicht mehr kann, wenn er in der Nacht ist, im Reich der Schatten, dann komm, fass ihn an, berühre ihn, schau ihn an, sage ihm: Du, du bist gut. Du bist kostbar. Du bist einmalig. Dich, dich liebe ich. Wie könnte ich sonst leben?!
Dies vor allem dann, wenn der andere nicht mehr kann.
Macht euch kein Bild vom anderen. Ich bitte euch. Bilder, die man sich vom anderen macht, sind gefährlich, unter Umständen sogar lebensgefährlich, weil man dann nicht den geliebten Menschen im Blick hat, sondern das Bild vom ihm. Du sollst dir kein Bildnis machen! Welche Freiheit steckt in diesem Imperativ! Lasst den anderen frei und das, was er werden kann, gebt ihm Hoffnung auf Veränderung, gebt ihm ein Morgen. Natürlich dürft ihr Entwürfe vom anderen machen, aber um Gottes Willen presst den anderen nicht in ein Bild, denn sogar der Entwurf ist

nicht alles und auch sein Scheitern ist nicht das Ende der Möglichkeiten der Liebe.
Ich sage euch: Weder Dinge noch Macht noch Geld sind heilig, sondern das Leben und alles, was dessen Wachstum fördert – und das ist die Zärtlichkeit. Es ist nicht gut, dass der Mensch alleine ist. So sagt Gott. Und er meint: ohne Zärtlichkeit ist er bitterlich tot.
Amen

Partnerschaft ist lernbar

Beziehungen müssen sich nicht verschlechtern. Aus anfänglicher Liebe muss nicht Misstrauen oder gar Hass entstehen. So etwas geschieht nur dann, wenn einer den anderen verändern will oder die Paare nicht ohne Angst in aller Offenheit über ihre Wünsche und Bedürfnisse sprechen können.
Freilich, überzogene Erwartungen an eine Partnerschaft und falsche Vorstellungen vom Glück in einer Ehe bedeuten oft, dass Sie schnell in eine Krise geraten können. Zu den falschen Erwartungen gehört, dass Sie glauben, der Partner müsse Ihnen ergeben sein, oder ewiges Glück zu haben. Ein Irrtum ist es auch zu glauben, dass ein Paar alles gemeinsam tun müsse oder alles in Ordnung komme, wenn sie ein Kind erwarten.
Untersuchungen haben gezeigt, dass das größte Problem in einer Partnerschaft die Sexualität ist. Diese Schwierigkeiten führen oft zu Konflikten, auch

bei glücklichen Paaren. Nur können diese offensichtlich besser damit umgehen als unzufriedene Paare. Glückliche Paare loben einander häufig, verstärken (um in der Sprache der Psychologen zu bleiben) das Verhalten des Partners positiv. Und das hat zur Folge, dass man sich dem Partner zuwendet.

Zu Krisen in einer Beziehung kommt es schnell, wenn man den anderen kritisiert, ihn verändern will und dazu Mittel einsetzt, die lieblos sind: Nörgeln, Drängeln, Drohungen. Das führt zu einem Teufelskreis von ständigen Bestrafungen und Verletzungen. Den Partner anklagen, ihn oder sie entwerten („Wie siehst du denn wieder aus!"), auf die Äußerungen des Partners nicht eingehen, Selbstvorwürfe, Ironie, kein Lob mehr – das sind Anzeichen einer beginnenden oder schon tief reichenden Krise.

Aber diesen Teufelskreis kann man durchbrechen. Partnerschaft ist lernbar. Man kann zu einem Therapeuten gehen, um gemeinsam mit ihm zu üben, wie das tägliche kooperative und positive Verhalten verstärkt werden kann. Sie können beschließen, „Verwöhnungstage" einzulegen, an welchen Sie für ein großes Maß an Zuwendung für Ihren Partner sorgen.

Oft ist auch die Freizeitgestaltung ein Problembereich. Stellen Sie doch eine Liste gemeinsamer Tätigkeiten auf und eine weitere mit Ihren Wünschen für Ihren ganz eigenen Freiraum.

Wenn Sie Ihrem Partner das Gefühl geben, ihn zu verstehen und zu unterstützen, und positive Gefühle sowie Lob und Wertschätzung ausdrücken, wenn Sie

es lernen, auch negative Gefühle wie Wut und Ärger angemessen auszudrücken (das geschieht dadurch, dass Sie „ich" sagen, dass Sie Worte wie „immer" und „nie" vermeiden, dass Sie sich auf konkrete Situationen beziehen, dass Sie sich öffnen und sich bemühen, den anderen nicht zu verletzen), dann wird Ihre Partnerschaft gelingen.
Wenn Ihnen Ihr Partner etwas erzählt, sollten Sie aktiv zuhören und Ihre Aufmerksamkeit durch unterstützende Gesten (Nicken) oder durch kurze Bemerkungen („Hm", „Aha") zeigen. Versuchen Sie darüber hinaus, in eigenen Worten zu wiederholen, was Sie verstanden haben, und auch offen nach Gefühlen zu fragen.
Versuchen Sie nicht, den Partner zu ändern. Äußern Sie vielleicht die Bitte, dass bestimmte Verhaltensweisen Ihres Partners in Zukunft weniger häufig auftreten, indem Sie sagen: „Ich möchte, dass du öfter ..."
Die Therapeuten W. J. Lederer und D. D. Jackson sagen, was möglich ist: „Wir behaupten nicht, dass schlechte Ehen im Handumdrehen in wunderbare, ekstatische, himmlische Liebesbeziehungen verwandelt werden können. Wir behaupten nicht, dass die Ehe frei sein sollte von Spannungen und Problemen. Was wir aber behaupten, ist, dass viele Ehen in funktionierende, befriedigende Beziehungen umgewandelt werden können." Und ich ergänze: Dies gelingt nur, wenn *beide* Partner zu Veränderungen bereit sind.

10 Goldene Regeln für eine gute Partnerschaft

1. Nur wer sich öffnet, wer ohne Angst sich dem anderen öffnet, ihm/ihr vertraut, wird die Liebe leben und erleben.
2. Sagen Sie sich immer wieder: Ich will den anderen nicht verletzen! (Das Leben ist sowieso eine Serie von Verletzungen!)
3. Ganz selten und dann auch nur für eine ganz kurze Zeit darf der Partner Vater oder Mutter sein.
4. Lassen Sie sich selbst und den anderen frei im Wissen: Wir gehören zusammen, denn die Liebe ist ein Kind der Freiheit.
5. Wer einen begabten Partner hat, der sollte sich an seiner Kreativität freuen und sie nicht bekämpfen, denn sie fördert und bereichert das Leben.
6. Der Partner sollte zum Freund werden und nicht nur zum/zur Geliebten.
7. Zur guten Partnerschaft gehört unbedingt körperliche Nähe und Vertrautheit, Zärtlichkeit.
8. Nur wenn Sie zu sich selber Ja sagen können, dann können Sie auch den anderen in seinem Denken, Fühlen und Handeln bejahen.
9. Sagen Sie aber nie Ja, wenn Sie Nein sagen wollten, sagen Sie Nein, wenn Sie nicht Ja sagen wollen!

10. Der Partner darf sich verändern (und dann lebt er und Sie leben auch!).

Brücke ins Leben

Ich möchte, dass Ihre Partnerschaft gelingt und lebt und Sie trägt. Erdverbunden sollen Sie glücklich sein und nicht im fernen siebten Himmel. Offen dürfen Sie sein für die Möglichkeiten von Liebe und Freundschaft. Gewiss sollen Sie sein, dass der andere Sie nicht verletzt noch verlässt, weil Sie der einzige Mensch sind, dem es gelingt, zu verstehen und zu sehen. Sagen Sie Ja zu sich selber und zum Denken, Fühlen und Handeln Ihres Partners oder Ihrer Partnerin. Leben ist möglich, ist die Botschaft dieses Büchleins, das Geschichten von Menschen erzählt, die den Weg der Freundschaft und Liebe wagen.

Es mag sein, dass Sie nach der Lektüre dieses Büchleins Vertrauen zu mir gefasst und ein Problem zu bewältigen haben. In diesem Falle bin ich gerne bereit, mit Ihnen über dieses Problem zu sprechen.

Prof. Dr. Dieter Strecker
Engelbergstr. 29
71277 Rutesheim
07152/906235